Pratique des expressions camerounaises : Guide du langage parlé dans le pays.

ISBN : 978-2-9816784-0-9

Dépôt légal : 2ᵉ trimestre 2017

Correction : Louis Désiré Mbazoa

Graphisme : Antioche Design

Sommaire

PRATIQUE DES EXPRESSIONS CAMEROUNAISES

MARIE GISELE ONGUENE

Introduction

Le parler camerounais est un argot, une sorte de mélange à la fois, du français, de l'anglais, du pidgin et d'idiomes locaux. C'est un langage parlé au quotidien par les jeunes, la classe moyenne et les autres couches de la population. C'est un dialecte tout à fait original (loin des standards académiques) qui permet de communiquer et de casser les barrières, dans les milieux camerounais (à l'intérieur du pays comme dans la diaspora).

Ce travail a été inspiré par la lecture de la série «... pour les nuls ». En y réfléchissant, il nous a semblé pertinent de mettre en exergue cet outil de communication que partage la communauté nationale et qui nous singularise tant. Le pays dispose, certes, du français et l'anglais comme langues officielles (dans les administrations, à l'école, dans les universités), mais ceux-ci, ont subi des transformations liées à la difficulté d'expression d'une catégorie de la population. Le résultat est qu'aujourd'hui, on assiste à la naissance d'une langue métissée que nous pourrons qualifier de « parler camerounais ». Les expressions que vous découvrirez dans ce guide sont utiles pour quiconque souhaite véritablement connaître le pays, entrer en contact avec les populations afin de ne pas se sentir exclu et de bien s'y insérer.

QUELQUES REPERES

Le Cameroun en quinze points… c'est :

- ❖ Un pays d'une superficie de 475 500 km2

- ❖ Son drapeau : vert-rouge- jaune, marquée d'une étoile dorée au centre.

- ❖ Son hymne national : « Ô Cameroun berceau de nos ancêtres ».

- ❖ Sa devise : Paix – Travail – Patrie

- ❖ Sa monnaie : le franc cfa (XFA). Pour 1 €, vous avez 650 fcfa. Pour 1 CAD, vous en avez pour 450 fcfa.

- ❖ 2 langues officielles : le français et l'anglais. Le pays est membre à la fois du Commonwealth et de la francophonie

- ❖ « Les lions indomptables »: son équipe nationale emblématique de football.

- ❖ 23 millions d'habitants (selon les chiffres non officiels du dernier recensement général de la population de 2005)

- ❖ Yaoundé : la capitale politique et des institutions.

- ❖ Douala : le principal pôle économique.

- ❖ Sa richesse ethnique avec plus ou moins 250 ethnies.

- ❖ 10 régions (anciennement appelées provinces) dont les chefs-lieux sont: Yaoundé, Douala, Bafoussam, Garoua, Maroua, Ngaoundéré, Ebolowa, Bué, Bamenda, Bertoua.

❖ 2 régions anglophones (Bamenda et Buéa, 25%) et les 8 autres régions sont francophones (75%).

❖ Le 11 février (de chaque année), la fête de la jeunesse

❖ Le 20 mai (de chaque année), est la fête nationale du pays depuis 1972, suite à la réunification des 2 parties : francophone et anglophone du pays (le southern Cameroon et la République du Cameroun).

RAPPEL HISTORIQUE DE L'HYMNE NATIONAL[1]

« Ô Cameroun, berceau de nos ancêtres »

A l'origine, c'est un chant de ralliement composé par des élèves de l'école normale de Foulassi, localité située à quelques kilomètres de Sangmélima, dans la région du Sud.

En 1928, il est demandé aux écoliers de faire un devoir sur le thème « exprimer l'espoir en l'avenir du Cameroun ». René Jam Afane parmi d'autres, choisit de restituer son devoir sous forme de poème. Il compile les meilleurs vers,

---

des poèmes rendus et compose les premières paroles de l'hymne national du Cameroun, qui doivent être accompagnées de musique. Un appel est fait aux trois musiciens de la promotion : Michel Nkomo Nanga, Nyatte Nko'o et Samuel Minkyo Bamba. C'est l'œuvre de ce dernier qui sera finalement retenue.

Ce chant de ralliement est ensuite enseigné dans toutes les écoles du pays et est adopté par la première Assemblée législative (1957/1959) comme hymne national du Cameroun. La loi y afférente est promulguée le 5 novembre 1957, alors que l'hymne est officieusement utilisé depuis 1948.

BREVE RETROSPECTIVE SUR L'ORIGINE DU NOM « CAMEROUN »

Les manuels nous apprennent que c'est en 1472, que le navigateur portugais Fernando Pô et son équipe accoste sur l'estuaire du Wouri et découvre dans les eaux du fleuve, une très grande quantité de crevettes. Ce qui le poussera à appeler la zone « **Rio dos camaroes** », la rivière des crevettes en langue portugaise. Expression qui donnera plus tard :

* « **Kamerun** » avec les allemands dont le pays a été la colonie de 1845 jusqu'aux années 1914,

* « **Cameroon** » avec les anglais, le pays a été sous -tutelle britannique de 1944 à 1959

* « **Cameroun** », avec les français: au départ sous mandat français de 1914-1946 et après la

seconde mondiale en 1946, l'appellation
« sous-mandat »est requalifiée en « sous-tutelle » pour préparer le pays à l'indépendance (s'autogérer) qui sera officialisée le 1er janvier 1960.

Les noms de quelques héros de l'indépendance du Cameroun

* **Ruben Um Nyobe,** leader nationaliste mort assassiné par l'armée française le 13 septembre 1958 à Libelingoï, près de Boumnyébel (actuel département du Nyong-et-Kéllé, région du Centre).

* **Félix Moumié,** assassiné à Genève en 1960 par les services secrets français.

* **Ernest Ouandié,** exécuté par fusillade le 15 janvier 1971 à Bafoussam par l'armée camerounaise.

❖ **Ossendé Afana**, assassiné le 15 mars 1966 dans le maquis de la Boumba-et- Ngoko au sud-est du pays, près de la frontière congolaise.

CARACTERISTIQUES DU PAYS

La géographie

Le Cameroun est situé en Afrique centrale, dans la région du golfe de Guinée, dans la partie subsaharienne de l'Afrique. Il est limitrophe à l'ouest et au nord-ouest par le Nigéria, au sud par le Gabon et la Guinée Equatoriale, au sud-est par le Congo-Brazzaville, à l'Est par la République centrafricaine et à l'Est et au nord-ouest par le Tchad.

Les températures oscillent entre 12 ° et 45° selon que l'on se trouve à l'ouest ou au nord du pays (à la frontière avec le Tchad).

Les périodes de grands crus vont de juillet à fin octobre. La saison sèche, quant à elle, bat son plein de la mi-novembre à fin février. Entre mars et fin juin, c'est l'alternance entre les deux saisons. Le Cameroun se situant en zone tropicale, le climat en est fortement influencé et , est donc un climat de type humide.

La population

Les habitants du pays sont appelés, les camerounais ou « camer ». Ils sont reconnus pour être un peuple hospitalier, dynamique et espiègle. Ce qui se traduit dans leur langage au quotidien. De manière générale, ce sont des gens pacifiques, qui aiment bien s'étendre à grand renfort de gestes, à longueur de journée sur des sujets politiques, sportifs et autres potins qui font la « une » des journaux locaux. Mais le sujet qui les passionne le plus, c'est leur équipe nationale de football masculin : **Les lions indomptables du Cameroun** (quintuple champions d'Afrique), dont les stars les plus emblématiques sont : Albert Roger Milla (Joueur africain du vingtième siècle) et Samuel Eto'o (ancien sociétaire du FC Barcelone, triple vainqueur de la champion's league).

La musique

Les camerounais (ses) aiment bien faire la fête. Les rythmes musicaux, bien que dansés partout dans le pays, sont avant tout, des labels régionaux. Les plus en vogue sont :

Le makossa, promu sur le plan international par le célébrissime Manu Dibango et l'assiko (rythmes originaires de la région du littoral), le bikutsi (originaire du centre) et le manga mbeu (originaire de l'ouest).

Le pays regorge des artistes de renoms à l'instar de Manu Dibango ; Richard Bona, Sally Nyollo, Petit Pays etc.

Les variétés culinaires

- ❖ Le ndolè : un plat originaire de la région du littoral et devenu un véritable plat national

- ❖ Le kpwem ou saka saka : un plat originaire de la région du centre.

- ❖ Le N'domba : Un plat originaire de la région du centre.

- ❖ Le poulet DG « directeur général » : national

- ❖ Le condrè : un plat originaire de la région de l'ouest

- ❖ Le « Eru & wata fufu » : un plat originaire de la région du nord-ouest.

❖ Le « beignet – haricot / bouilli » : plat national.

❖ Le soya[2] !!!! à découvrir absolument si vous arrivez pour la première fois au Cameroun.

---

[2]Au quartier de la briqueterie à Yaoundé.

Les accompagnements pour repas encore appelés au Cameroun, compléments

Le miondo. Origine : région du littoral.

Le bâton de manioc (bobolo). Origine : région du centre.

Le mintoumba. Origine : région littoral.

Le couscous de riz. Origine : région du nord.

Le taro. Origine : région de l'ouest.

Le wata-fufu. Origine : région anglophone.

Le couscous de maïs. Origine : région de l'ouest.

Le couscous de manioc. Origine : régions est, centre et sud.

Le ntuba (plantain pillé). Origine : région du sud.

Le plantain-mûr encore appelé, banane-plantain.

Les boissons locales

❖ Le vin de palmes encore appelé localement,
le « matango » ou « numpè ».

❖ Le vin de Raphia

❖ La bière de mil (faite à base de mil ou de
maïs) encore appelée localement « bili-bili »,
est une boisson particulièrement prisée dans
la partie septentrionale du pays (Adamaoua,
Nord et Extrême-nord).

Chapitre 1

AUTOUR DE QUELQUES FORMULES / SALUTATIONS D'USAGE

Comme partout ailleurs, la meilleure entrée en matière au Cameroun lorsque l'on veut nouer un contact et engager la conversation avec l'autre, est la salutation.

Tout comme c'est le cas en France et dans le reste de la francophonie, on vous saluera également par un « bonjour », dans le pays. Au Québec, certains préfèrent utiliser l'expression « bon matin », à la place du « bonjour » habituel.

Hormis donc ce « bonjour » officiel et conventionnel qui est une expression fort courue, voici quelques expressions que le camerounais emploie également (couramment) comme formules nécessaires   pour ouvrir une conversation.

> « **C'est comment** » ?

> « **C'est how** » ?

> « **On dit quoi** » ?

Ce sont des expressions qui veulent en fait dire : « quelles sont les nouvelles » ?

Exemple :

Deux copains se retrouvent sur le campus universitaire. Le premier demande au second.

> *Molla, c'est how ? que s'est-il passé pour que tu t'absentes au cours de biochimie hier après-midi ?*

> *Je me porte bien. J'avais un contrôle médical à passer hier matin. La file était si longue que je n'ai pu être reçu qu'en début d'après-midi…*

QUELQUES ADVERBES DE DEGRE, EXCLAMATIONS ET INTERPELLATIONS

Exclamations et Adverbes de degré

Il en existe un grand nombre qui vont du désappointement à la surprise. En voici quelques unes :

Pêle-mêle.

Signification : en grande quantité, excessivement.

Synonymes également usités et ayant la même signification : **grave, mal.**

Exemple :

> *Alain m'assure qu'il y aura la damé au mariage de Mirabel, grave.*

A mort.

Signification : à l'excès.

Synonymes également usités et ayant la même signification : **terriblement, manyaka.**

Exemple :

> ➤ *Cet attaquant est efficace à mort.*

Ekié!

Signification : terme qui traduit la surprise ; l'étonnement ou l'effarement.

Exemple :

> ➤ *Ekiée, Armand que fais-tu hors de la maison à cette heure? As-tu un problème ?*

Synonymes également usités et ayant la même signification : **Wèh! Ah bon? Eh beh ; Sérieux ; wandaful** (anglicisme de « wonderful ») ; **Walaï.**

Là où d'autres posent la question « est-ce vrai ? » lorsqu'une information surprenante leur est transmise ou lorsqu'il est question d'un fait inhabituel, beaucoup au Cameroun s'écrieraient : Ekié ! Ou s'exprimeraient en utilisant l'une des exclamations citées ci-dessus.

Minalmi.

Signification : balivernes.

Exemple :

> ➢ *Henriette, je n'ai pas répondu à ton coup de fil hier parce que j'étais en réunion de travail.*

> ➢ *Minalmi Armand, une réunion de travail qui se tient à 22 heures ?*

Noor !

Signification : n'est-ce pas ! (Dans un esprit de rigolade).

Exemple :

> *On va faire comment alors, le Cameroun est champion d'Afrique, noor !*

Aah té!

Adverbe de degré.

Signification : Exprime l'intensité d'une émotion. Ce peut-être la joie, comme la douleur.

Synonymes également usités et ayant le même sens : **Aïe! Ayoo eh! Paapa! Maama!**

Barluck[3].

---

[3] Lire : barlock.

Terme qui traduit la stupéfaction (avec une connotation péjorative).

Signification : Quelle poisse !! Ne serait-ce pas de la malchance qui me (ou la) poursuit !!!

Origine : vient du mot anglais « bad luck » (malchance).

Synonymes également usités, ayant la même signification : le **ndutu**[4] ; le **cafard a pissé sur moi** !

Exemple:

Une personne est accusée d'avoir commis un méfait dont elle ne se reconnaît en rien responsable.

---

[4] De la langue Duala, dans la région du littoral – Cameroun.

➢ *Suzanne, Josée dit que c'est toi qui aurais poussée son fils à se rebeller contre son autorité.*

➢ *Moi ? Ariane, ne serait-ce pas **le barluck** çà ? Pourquoi demanderais-je à un enfant comme Ethan d'avoir un comportement irrespectueux envers ses parents ?*

A beg. (Prononcer aï bèg)

Signification : Expression qui se rapporte à la négociation ; à la supplication (dans le sens de « calmer le jeu »).

Origine : dérivé de l'anglais I beg.

Exemple :

Une dame n'a que 125 frs Cfa pour emprunter un taxi qui la conduira 1km plus loin de l'endroit où elle se trouve présentement. Le tarif officiel

étant de 200 frs cfa. Voici la façon dont elle
négociera avec le chauffeur de taxi :

> *Chauffeur A beg, je vais à 1km d'ici[5] et je n'ai
> que 125 frs.*

!!! Libre au chauffeur de taxi d'accepter ou de
rejeter cette requête. En général, les
chauffeurs acceptent de rendre service.

Ô bosso.

Signification : expression utilisée soit pour
encourager ; soit pour railler.

Synonymes également usités et ayant le même
sens : **Owé oh! Yes!**

Exemple :

---

[5] Elle nommera le lieu.

Après une victoire de l'équipe national de football masculin, il est habituel d'entendre les camerounais, dire :

> *Les « lions indomptables », Ô bosso!*

Pour dire : Allez de l'avant, les lions indomptables.

Onong!

Signification: Vient de l'expression « au nom de Dieu ! ». Exclamation émise dans le but de convaincre notre ou nos interlocuteurs de la sincérité de nos propos.

Synonymes également usités et ayant le même sens : **A schouè** (lire le « A » comme le « i » en anglais), qui vient de l'anglais I swear, **je jure.**

Exemple :

> *Agnès, a schouè, je montrerai à ce gars que je
> ne suis pas née de la dernière pluie…*

Yeuch !

Signification : Expression du dégoût, de
l'étonnement ou même du dépit.

Exemple :

Sandrine répond à Marie Carine qui lui donne
une information ahurissante à propos d'une de
leur amie qui n'a pas hésité à bafouer les
principes de leur groupe d'amies pour de
l'argent.

> *Yeuch ! Alexandra aussi a cédé à ce
> chantage ! Se mettre avec un homme marié et
> lui faire un enfant tout simplement parce
> qu'il lui a promis de l'entretenir ?…*

Oh ma'alé !

Signification : expression qui marque la stupéfaction ; comme pour dire : oh mon Dieu !

Exemple :

> ➤ *Oh ma'alé ! donc c'est vrai qu'Alexandra est aussi tombée dans ce piège ?*

Mieux de toi !

Signification : expression ironique et narquoise utilisée pour exprimer son désaccord à son interlocuteur.

Exemple :

> ➤ *Mieux de toi comme il n'y a que toi qui mérite de te vêtir de vêtements chics. Tandis que les autres méritent des guenilles !*

Achouka ngongoli.

Signification : bien fait pour toi ; Tu n'as que ce que tu mérites !

Exemple :

> ➢ *Alino a été pris à partie hier par l'époux d'Emeline qui, lui a demandé de ne plus s'approcher de sa femme.*

> ➢ *Achouka ngongoli. Il n'a cessé de la harceler alors que nous l'avons pourtant informé que cette fille est mariée !*

CHAPITRE 2

EXPRESSIONS EN RAPPORT AVEC LE GENRE / LA FAMILLE

En rapport avec le genre

Différentes interpellations distinguent hommes, femmes et enfants.

Chez les hommes

Man.

Expression que l'on utilise entre amis, copains ou connaissances de longue date.

Signification : Terme amical et même affectueux, signifiant « Homme ».

Origine : terme emprunté à l'anglais.

Synonymes également usités et ayant la même signification: **Tara** (ancien, aîné en langue Ewondo[6]). **Molla** (origine inconnue, peut-être en référence au Mollah[7]), **Mbom** (homonyme en langue Ewondo), **Massa** (Peut-être dérivé du mot « mister »), **Gars ; mon Frère**.

> !!! Peuvent être utilisés en lieu et place du prénom.

Exemple :

> ➢ Au lieu de dire : *bonjour Alain, comment vas-tu ?*

---

[6] Langue parlée dans le centre, le sud et une partie de l'Est du Cameroun.

[7] Titre donné aux personnalités religieuses, aux docteurs de la loi, particulièrement dans les mondes turco-iranien et indien

De nombreuses personnes préfèrent cette formulation :

> *Alors **Man**, c'est how ?*

> *Ca va, **Molla**. Et toi ?*

> *Ca va aussi. Excuse-moi de devoir écourter la communication, j'ai un entretien dans 45 minutes, je dois y aller si je veux être à l'heure. Ca te hambok   que je te call dès que j'aurais bolè, **Massa** ?*

> *Non **Molla**, fais-le à ton aise.*

Chez les gays

Tsèlè.

Signification : une personne à orientation homosexuelle.

Synonyme également usité et ayant le même sens : **depso, pédé**.

Chez les femmes

De même, vous entendrez des amies, copines et relations de longue date utiliser entre elles, certaines expressions telles que :

Ma coo.

Signification : terme amical et affectueux, diminutif du mot « copine »

Synonymes également usités et ayant le même sens : **Maama, la Go, la Ngui, ma Cota, la combi.**

Exemple :

> ➢ *Bonjour, ma co'o, c'est comment?*

> *Bien, Mireille et toi ? Qu'as-tu planifié pour le week-end ?*

> *Je go à Kribi[8] pour quelques jours. J'ai besoin d'être seule.*

> *Je t'admire, **ma cota**, j'aimerais tout comme toi avoir quelques jours, pour moi toute seule ! mais en ce moment-ci, c'est impossible.*

Chez les adolescents.

Yor (un) / Yoryette (une).

Signification : jeune homme ou jeune fille pubère.

Exemple :

> *Ma fille est déjà une yoryette.*

---

[8] Une ville balnéaire et portuaire située dans le Sud du pays.

Chez les enfants

Le mouna.

Signification : enfant ; fils / fille.

Synonyme également usité : **un (e) mbindi** (qui veut dire une (e)« petit »).

Exemple :

> ➢ *Bonjour Man, je t'ai aperçu il ya deux jours avec un mouna. Qui était-ce ?*

> ➢ *C'est Nathanaël, **le mbindi** de ma sœur aînée. Il est venu pour quelques jours chez moi.*

EN RAPPORT AVEC LA FAMILLE NUCLEAIRE

Au Cameroun comme partout ailleurs en Afrique, on envisage l'individu qu'en tant que membre d'une famille. C'est donc à juste titre que le philosophe français Maurier Henri dit : « la famille africaine traditionnelle est très étendue. Elle ne se réduit jamais au père, à la mère et leurs enfants, vivant à part dans l'intimité d'un appartement».

Dans le pays, diverses expressions servent à désigner le père, la mère, les frères et les sœurs.

Le père de famille

Le pater.

C'est un terme qui est largement utilisé en famille et même dans la rue.

Signification : diminutif du mot « paternel » ; qui se rapporte au père.

Synonymes également usités : **le vieux, le répé** (le verlan du mot « père).

Exemple :

> *Amos bonjour, comment va la famille ?*

> *Bien gars et chez toi ?*

> *Tout le monde se porte à merveille. Puis-je parler **au pater** ?*

> *Malheureusement, il est absent en ce moment. Il ne reviendra que le dimanche soir.*

La mère de famille

La mater.

Terme tout aussi largement utilisé en famille, et dans la rue.

Signification : diminutif du mot « maternel » ; qui se rapporte à la mère.

Synonymes également usités : **la vieille, la rémé** (le verlan du mot « mère »). On peut utiliser l'un ou l'autre indifféremment, tous ont le même sens dans une phrase.

Exemple :

> ➢ *Allo, Bonsoir Gars, c'est Arnaud, puis-je parler à la rémé ?*

> ➢ *Oui, Bonsoir Arnaud. Ne quitte pas, je vais l'appeler…*

Les frères et sœurs

La ressé.

Signification : terme qui se rapporte à la sœur. Le camerounais parle de sa sœur en disant « **ma ressé** ».

Origine : Verlan du mot sœur.

Synonymes également usités : **La sister** (anglicisme).

- ❖ Pour parler de la sœur aînée, on utilise les expressions : **La big, La big sister** ou encore, **La big ressé.**

- ❖ Pour parler d'une cadette ou d'une petite sœur, il est dit : **La mbindi ressé.**

Exemple :

- ➤ *J'ai aperçu **ta ressé**, ce matin au marché. Elle m'a l'air en parfaite forme !*

- ➤ *C'est vrai que **ma sister** a repris du poil de la bête. En tout cas je me réjouis de savoir qu'elle est en bonne santé. Qu'elle en profite; elle a failli y passer avec cette crise de paludisme !*

Le refré.

Signification : terme qui se rapporte au mot frère.

Origine : verlan de ce mot.

Synonymes également usités : le **bro** (diminutif du mot anglais « brother », ayant la même signification).

Exemple :

> ➢ *Molla, **ton refré** et moi avons présenté un concours hier ; j'ai le sentiment que c'est lui qui sera le lauréat de cette compétition.*

- ❖ Pour parler d'un cadet / Le petit-frère, on utilise les expressions : **Péri ka, péri frère.**

- ❖ Pour parler du frère aîné / Le grand-frère, on utilise les expressions : **Le big, le big refré.**

Exemple :

> *Gars, j'ai rencontré ton big refré ce matin à la gare.*

EN RAPPORT AVEC LA FAMILLE ELARGIE

Le couso.

Signification : terme qui se rapporte au cousin.

Exemple :

> *J'ai un rendez-vous à 18 heures avec mon* **couso.**

Les grands-parents

* S'agissant de **la grand-mère**. On parle de : **La « big mater », la « big remé ».**

* S'agissant **du grand-père**. On parle de : **le « big repé », « le big pater ».**

La belle-famille

Le tchango.

Signification : terme utilisé en référence au beau-frère par alliance.

Exemple :

Simon appelle la sœur aînée de son épouse Aline pour prendre des nouvelles de la famille et, au cours de la conversation, il lui demande :

> *Alors belle-sœur, comment va mon **tchango** ?*

> *Il se porte à merveille. Lui répond-elle. Il est en voyage d'affaires à Dschang[9] depuis hier.*

B-S.

Signification : abréviation de belle-sœur.

---

[9] Ville située dans la région de l'ouest.

Exemple :

> *Je félicite ma B-S. Pour son succès.*

CHAPITRE 3

EXPRESSIONS EN RAPPORT AVEC LES RELATIONS AMOUREUSES

Les termes associés aux hommes

Le djo ou le joe.

Signification : terme que les femmes ou jeunes femmes utilisent pour parler de leur amoureux.

Synonymes également usités et ayant la même signification : **le gars**, **le chaud** (ancienne appellation), **mon bon gars**.

Exemple :

> ➢ *Ma cota, c'est how ? Comment va ton joe ?*
> *Dis-moi, a-t-il déjà trouvé un emploi ?*

> *Ca va ma co'o. Sergent se porte bien lui aussi. Pour l'emploi, il n'en pas encore trouvé. Aurais-tu quelque chose pour lui ?*

Les termes associés aux femmes

La petite.

Signification : petite amie, fiancée.

Synonymes également usités et ayant la même signification : **la nga, la périmpepée, la meilleure petite.**

Exemple :

> *Bonjour Molla, Benjamin m'a informé que tu demanderas la main de ta petite, le week-end prochain ?*

> *Excuse-moi, Man. J'étais tellement pris dans mon histoire que j'ai oublié de t'en parler.*

Le cœur du ballot.

Signification : Amour fou que l'on porte à une personne ; une façon de dire, cet homme ou cette femme est ma préférée.

Origine : expression empruntée aux vendeurs à la sauvette, pour qualifier la valeur du vêtement, de la chaussure ou du sac qui est proposé au client. L'article en question vient dans le lot que contient le ballot de friperie. Evidemment tous les articles n'y ont pas la même valeur.

Exemple :

> ➤ *Mon gars, tu sais, Marianne c'est le cœur du ballot.*

(X ou Y) waka dans mon cerveau avec les babouches.

Signification : Je suis fou (folle) amoureux (se).

Exemple :

> *Bernadette waka dans mon cerveau avec les babouches.*

Autres mots en rapport...

Le ndolo.

Signification : l'amour.

Exemple :

> *Le ndolo que j'ai pour ma femme, me dépasse.*

La tchatche.

Signification : terme pouvant avoir plusieurs significations selon celui qui l'utilise. Il peut être assimilé à la drague (faire la cour) ; ou au fait d'avoir du bagou (savoir parler).

❖ Verbes s'y rapportant : **tchatcher, draguer, verber.**

Synonymes également usités : **le verbe, la drague.**

Exemple :

> ➤ *Annette, je me demande par quel moyen Christian a réussi à convaincre cette fille de se mettre avec lui.*

> ➤ *Ma chère, tu sembles oublier que ton frère maîtrise la tchatche.*

EN RAPPORT AVEC LE SEXE ET LES RELATIONS SEXUELLES

Tanner.

Signification : faire l'amour ; « coucher avec…

Synonymes également utilisés et ayant la même signification : **Niasse, mbinda, nioxxer, écraser le pistache, wot, côt.**

 Cette expression revêt une signification différente que l'on soit :

En France : tanner veut dire sécher au soleil ou en langage familier, harceler quelqu'un pour obtenir quelque chose ; ou

Au Québec : être tanné veut dire, être épuisé, éreinté.

Exemple : cette activité m'a tanné. Pour dire que cette activité m'a épuisé.

De même, un camerounais ne peut dire à un québécois comment vont tes gosses ? Si pour un camer, les gosses se rapportent aux enfants. Il serait extrêmement gênant pour notre ami québécois de répondre à une question aussi tendancieuse. Car pour les québécois, parler des gosses : c'est faire référence aux testicules.

Le piment.

Signification : le sexe / les rapports sexuels.

Expression qui va dans le même sens :

- ❖ **manger le piment**

- ❖ **mettre le piment dans la sauce…**

Exemple :

> ➤ *Mbom, c'est chaud, j'ai mangé le piment toute la nuit.*

Les noyaux.

Autre appellation des testicules, au Cameroun. Il y en a qui l'utilisent comme injure. De toute manière, c'est une expression grossière adressée aux personnes de sexe masculin.

Synonyme également usité et ayant la même signification : **les billes, les tisses, les sacs de sel.**

Tirer une balle perdue

Signification : rencontre d'un soir ou aventure sans lendemain.

Exemple :

> ➤ *Pierre, où étais-tu passé hier soir après l'ouverture du bal par les mariés ?*

> ➤ *Gars laisse, je suis allé tirer une balle perdue.*

Être en jachère.

Signification : s'abstenir de rapports sexuels.

Exemple :

> *Hélène a décidé de ne pas avoir de rapports sexuels avant son mariage, elle préfère être en jachère.*

Vendre le piment

Signification : se prostituer

Exemple : *Vivi vend le piment à Mbeng.*

Mop.

Signification : embrasser.

Origine : vient du mot anglais Mouth

Exemple :

> *J'ai mop la nga là*

CHAPITRE 4

EXPRESSIONS A CONNOTATION PEJORATIVE

Tous genres confondus

Les qualificatifs présentés ci-dessous peuvent être utilisés autant pour désigner une personne de sexe masculin, qu'une personne de sexe féminin.

Bushman.

Signification : terme utilisé pour dire de quelqu'un qu'il est mal appris, sans éducation.

Origine : provient sans doute du peuple Bochimans (d'Afrique Australe).

Synonymes également usités et ayant la même signification : **villageois (se)** ; **sauvage ou écervelé(e)**.

Exemple :

> ➤ *Cette fille est une vraie bushman. Je lui ai à peine adressé la parole, qu'elle s'est jeté sur moi telle une furie.*

Nanga boko (un).

Signification : terme utilisé pour dire de quelqu'un, qu'il (elle) est un vagabond. Expression se rapportant aux gens de la rue, aux SDF (Sans Domicile Fixe).

Exemple :

> ➤ *Mon frère est devenu un nanga boko. Depuis plusieurs mois, personne ne connaît là où il loge.*

Mboutoukou.

Signification : expression utilisée pour dire à ou de quelqu'un qu'il est niais ou naïf.

Synonyme également usité et ayant la même signification : un (e) **M'bout ou mboutman. Un mougou, fingon (avec ou sans article).**

Exemple :

> ➢ *Ce gars est un vrai mboutoukou. Il prend tout ce qu'on lui dit pour argent comptant.*

Chouagne.

Signification : voyou, imbécile.

Exemple :

> ➢ *Va te faire voir ailleurs, chouagne !*

Sapack (une).

Signification : fille de joie / femme de petite vertu.

Exemple :

> ➢ *Dis donc, laisse tomber. Pourquoi te prends-tu la tête avec cette sapack - là.*

Babylone.

Signification : idiot.

Exemple :

> ➢ *Laisse ce man – là, c'est le babylone du létch.*

Njouksa.

Signification : une personne qui manque de goût ou de finesse.

Exemple :

> *Je me demande bien quels sont les critères qui ont conduits à son élection comme reine de beauté. Je trouve que c'est une njouksa.*

Nyèman (ou gnèman).

Signification : mot masculin utilisé pour dire de quelqu'un qu'il manque de sérieux ; une personne à qui l'on ne peut faire confiance.

Exemple.

> *Bertin tu es un nyèman (gnèman), comment peux-tu demander aux gens d'être là à 2 heures alors que tu sais que tu ne peux être là qu'à 4 heures, après ton boulot.*

Lassa (un ou une).

Signification : un perdant, littéralement un dernier. Utilisé en général comme une boutade.

Origine : dérivé du mot anglais « looser », qui veut dire un perdant.

Exemple :

> *Aaah, tu es un lassa, tu nous as fait rater une offre en or à cause de ton imprécision.*

Sôrô.

Signification : terme utilisé pour dire d'un homme ou d'une femme, qu'il ou elle est sorcière, méchante.

Origine : diminutif de sorcier (e).

Exemple :

> *Cet homme est un sôrô. Comment peut-il demander à un enfant de 4 ans d'aller lui puiser de l'eau dans un puits aussi profond ?*

> *Je n'avais pas entrevu la chose sous cet angle-
> là. C'est vrai, quelle idée de donner une telle
> commission à un enfant de cet âge-là et en
> plus ce n'est pas le sien !*

La ndjomba.

Signification : maîtresse.

Synonyme également usité et ayant la même signification : **la périmpepée ; le deuxième bureau**.

Exemple :

> *Ce djo-là est insatiable, est-ce que tu sais,
> qu'il a une nouvelle ndjomba ?*

Être pala pala.

Signification : être étourdi, être embrouillé ; désordonné. Peut s'utiliser au masculin comme au féminin.

Synonymes également usités et ayant la même signification : **être paplé.**

Exemple :

> ➤ *Anania est pala pala, il ne se rappelle même plus où il a posé les clés de sa voiture.*

Un(e) ndoss.

Signification : un malfaiteur. Un malfrat.

Mot apparenté : **braqueur.**

Exemple :

> ➤ *Les mbéré ont attrapé quatre ndoss dans la nuit alors que les gars s'apprêtaient à braquer chez ma voisine*

Un Feyman.

Signification : un escroc.

Exemple :

> ➢ *Pa'apa, ne me dis pas que Nestor est un feyman !*

En rapport avec les hommes

Ambassadeur (un).

Signification : terme utilisé pour dire de quelqu'un qu'il est un gigolo.

N'guess (un).

Signification : Qualificatif d'un coureur de jupons.

Synonymes : **un boguess, un waka**

Exemple :

> *Cet homme est un véritable **n'guess**. Sais-tu qu'il a une nouvelle copine ? Je me demande où est-ce qu'il puise de l'énergie pour aller avec trois femmes en même temps.*

Le sponsor.

Signification : Qualificatif qui désigne un homme qui entretient une femme.

Exemple :

> *Annette a rendez-vous avec Alain ce soir. À la seule pensée de ce rendez-vous, elle esquisse un pas de danse parce qu'il est un bon sponsor.*

Un cou plié.

Signification : homme âgé qui entretient des femmes plus jeunes.

Exemple :

> *Françoise, auras-tu du temps ce soir pour me coiffer ?*

> *Non, Mamy j'ai un rendez-vous avec Ben. Tu connais le cou plié que je t'avais présenté la dernière fois ?*

En rapport avec les femmes

Koki (une).

Signification : une jeune fille.

Synonyme également usité et ayant la même signification : **la colline.**

Wolowoss (une).

Signification : femme de petite vertu.

Synonymes également usités et ayant la même signification : **femme légère, bordelle, panthère, Vendeuse de piment, bôguess, maboya, waka.**

Exemple :

> ➢ *Depuis que les lions indomptables ont remporté la Coupe d'Afrique des Nations (CAN), de nombreuses **panthères** rôdent autour de certains joueurs comme AdolpheTeikeu.*

CHAPITRE 5

EXPRESSIONS SUR LES METIERS ET DOMAINES QUI S'Y RAPPORTENT

En rapport avec les études / Enseignement

Le school.

Signification : l'école.

Origine : anglicisme du mot « school », signifiant « école ».

Exemple :

> *Je ne serai pas au school cet après-midi, j'ai rendez-vous au dispensaire[10] à 15 heures.*

L'ô ou l'eau.

Signification : terme se rapportant à la possession frauduleuse de la copie d'une épreuve d'examen officiel.

Synonyme également usité et ayant la même signification : **la ndiba**

Exemple :

> *Armand a été radié des examens et concours du Cameroun pour cinq années parce qu'on l'a surpris en possession de l'eau des mathématiques du baccalauréat de cette année.*

---

[10] Maison médicale.

Le minerval.

Signification : frais de scolarité.

Synonyme également utilisé et ayant le même sens : **la pension.**

Exemple :

> ➢ *Nérine devra payer son minerval au plus tard le 16 décembre, faute de quoi elle ne pourra se présenter aux examens de la session de janvier.*

L'exam.

Origine : anglicisme tiré du mot « examination ».

Signification : concours ; test ou épreuve.

Exemple :

➢ *J'ai exam de math[11] lundi prochain.*

Le koa.

Signification : cartable ; sac.

Synonyme également usité et ayant le même sens : **le nkouta**.

Exemple :

➢ *Ce nkouta pèse grave. Hèlèp moi s'il te plaît.*

Titcha (le ou la).

Signification : enseignant(e).

Origine. Tiré du mot anglais « teacher ».

Synonyme utilisé pour certaines catégories d'enseignants : **les Pleg** (Professeurs de l'enseignement général).

---

[11] Diminutif de mathématiques.

Exemple :

> *Ma belle – mère est titcha. Elle donne des cours d'anglais au lycée général Leclerc[12].*

Les cop's.

Signification : nom donné aux étudiants dans les campus universitaires.

Origine : diminutif du mot « copain ».

Exemple :

> *C'est la première rencontre des cop's de Soa.*

Le bord.

---

[12] L'un des premiers établissements d'enseignement général secondaire d'Afrique noire francophone. Il est situé à Yaoundé.

Signification : expression utilisée, en général, par le public universitaire, signifiant fascicule ou syllabus.

Exemple :

> ➢ *Molla passe-moi ton bord, s'il te plaît, j'ai une interro, demain.*

Interro (une).

Diminutif du mot « interrogation ».

Signification : examen de classe. Peut être employé avec ou sans article.

Exemple :

> ➢ *Gars, j'ai interro demain aprèm, peux-tu me prêter ton bord.*

Bûcher.

Signification : réviser ses cours. En Belgique, on parle de « bloquer », ses cours.

Synonyme également usité et ayant la même signification : **boilau, boi**.

Exemple :

> ➢ *Gars je m'en vais boi, j'ai exam tomorrow.*

La chicotte.

Signification : fouet (le).

> ❖ Verbe qui se rapporte à ce nom : **chicotter**.

Exemple :

> ➢ *Quand j'étais à l'école primaire, ma maîtresse avait une longue chicotte.*

Wash les cours.

Signification : faire l'école buissonnière.

Exemple :

> ➢ *Armand a décidé de wash son cours de physio.*
> *Ce matin parce qu'il est épuisé.*

En rapport avec la police et l'armée

Les mbéré.

Signification : les forces de l'ordre (policiers, gendarmes, militaires) de manière générale.

Exemple :

> ➢ *Mon papa était un m'béré.*

Les nyè.

Signification : les policiers.

Synonymes également utilisés : **Awara** (notamment par les vendeurs à la sauvette), **la flicaille**.

Exemple :

> ➢ *Molla, les nyè ont intercepté mon véhicule tout à l'heure, je roulais à vive allure et ne me suis pas rendu compte que je dépassais la vitesse autorisée.*

Les rangers.

Signification : bottes que chaussent les forces de l'ordre.

Exemple :

> ➢ *Pour le défilé du 20 mai, on a le sentiment que les militaires cirent leurs rangers d'une manière spéciale parce qu'ils doivent passer devant le chef de l'état.*

Le ngass.

Signification : la prison.

Synonyme également usité : **le ngata.**

Exemple :

> ➢ *On a envoyé mon frère au Ngass*

> ➢ *Où à 'ndengui*[13] *?*

En rapport avec l'anatomie / la physiologie.

Être court.

Signification : être de petite taille ; un nain.

Exemple :

---

[13] Diminutif de la maison d'arrêt de Kondengui, quartier dans lequel se trouve ladite prison.

> *Ce garçon ne fait pas son âge, il est tellement court qu'on lui donnerait 12 ans alors qu'il en a 20 ans.*

Être long.

Signification : être de grande taille.

Synonyme également usité : **longo-longo**.

Exemple

> *À 12 ans, Nenette est déjà longo-longo comme çà. Comment sera-t-elle à 17 ans ?*

Être kotto.

Signification : être perclus des pieds.

Exemple :

> *C'est suite à un accident alors qu'il était encore un nourrisson, que cet enfant est devenu kotto.*

Être mabongo.

Signification : avoir les pieds en X.

Exemple :

> ➢ *Mon grand-père était mabongo.*

Être bancal.

Signification : avoir les pieds arqués.

Exemple :

> ➢ *Je suis bancale.*

Être njanga.

Signification : être maigre.

Exemple :

> ➢ *Mon frère est njanga comme un clou.*

Nguinguérou (un ou une).

Signification : personnes albinos.

Exemple :

> *Les nguinguérou sont persécutés dans certaines régions d'Afrique, à cause de la particularité de leur peau.*

Plantain mûr (le).

Signification : personne qui a un teint clair.

Synonyme également usité : **brun (e).**

Exemple :

> *Ma nièce Arlette est un plantain mûr.*

Le njanssang.

Signification : expression qui se rapporte à la dépigmentation volontaire de la peau suite à l'usage de produits chimiques.

Synonyme également usité et ayant le même sens : **le maquillage**.

Exemple :

> ➤ *La mater – là a fait le maquillage grave.*

Le countac.

Signification : couleur de peau noire.

Exemple :

> ➤ *Nous sommes noires comme le countac.*

Se vass.

Signification : se laver.

Origine : dérivé du verbe anglais « to wash », qui veut dire : laver.

Synonyme également usité : **se wash** (se laver).

Exemple :

> *Ma cota j'ai assez papoté, je vais me vasse.*

Les lass.

Signification : les fesses.

Exemple :

> *Aline a glissé tout à l'heure et est tombée sur ses lass.*

Môtô.

Signification : aller au petit coin.

Exemple :

> *J'ai mal au ventre, je vais môtô.*

En rapport avec la santé / Le monde médical

L'hosto.

Signification : hôpital.

Exemple :

> *Gars, depuis quelques jours j'ai de violents maux de tête. Je prendrai pour une dernière fois, des anti-inflammatoires ce soir et si ce mal persiste, je me rendrai à l'hosto demain, chap.*

Docta[14].

Signification : toute personne appartenant au corps médical (Médecins, infirmier(e)s, sages-femmes, aides-soignantes…).

 Exemple :

Jalla ressent des élancements dans sa jambe gauche. Elle décide donc d'aller consulter l'infirmière qui officie dans un dispensaire qui se trouve non loin de chez elle.

---

[14] C'est évidemment par abus de langage.

> *Bonjour Docta, depuis quelques jours j'ai mal à la jambe et j'aimerais savoir si tu peux m'aider…*

Être bèllè.

Mot dérivé de l'anglais « belly », le ventre.

Signification : entre enceinte » dans le parler camerounais.

Exemple :

> *Ma sister est bèllè. Cette grossesse la menace beaucoup ↔ c'est une grossesse difficile.*

Être sick.

Origine : tiré de l'adjectif anglais « sick », qui veut dire malade.

Signification : être malade.

Synonyme également usité. **Être menacé par la maladie**…

Exemple :

> *Antoine est sick.   Le palu le menace* (diminutif de paludisme)

NOTE IMPORTANTE DE L'OMS SUR LE PALUDISME / CONCERNE TOUS CEUX QUI VIVENT HORS D'AFRIQUE   OU Y VONT POUR LA PREMIERE FOIS / PRECAUTIONS A PRENDRE[15]

Le paludisme est une maladie potentiellement mortelle due à des parasites transmis à l'homme par des piqûres de moustiques femelles infectés.

---

[15] Extrait du site internet de l'Organisation Mondiale de la Sante (OMS).

Le paludisme est une maladie évitable dont on guérit et les efforts supplémentaires déployés permettent de réduire considérablement la charge de la maladie à de nombreux endroits.

L'Afrique subsaharienne supporte une part disproportionnée de la charge mondiale du paludisme.

Il existe 5 types espèces de parasite responsables du paludisme chez l'homme, dont 2 – *Plasmodium falciparum* et *P. vivax* sont les plus dangereux.

Plasmodium falciparum est le parasite du paludisme le plus répandu sur le continent africain. Il est responsable de la plupart des cas mortels dans le monde.

Symptômes

Le paludisme est une affection fébrile aiguë. Chez un sujet non immunisé, les symptômes apparaissent au bout de 7 jours ou plus (généralement 10 à 15 jours) après la piqûre de moustique infectante. Les premiers symptômes – fièvre, maux de tête, frissons et vomissements – peuvent être modérés et difficiles à attribuer au paludisme. S'il n'est pas traité dans les 24 heures, le paludisme à *Plasmodium falciparum* peut évoluer vers une affection sévère souvent mortelle.

Diagnostic et traitement

Le diagnostic et le traitement précoces du paludisme réduisent l'intensité de la maladie et permettent d'éviter le décès. Ils contribuent aussi à réduire la transmission du paludisme. Le meilleur traitement disponible, en particulier pour le paludisme à *P. falciparum*, est une combinaison thérapeutique à base d'artémisinine (CTA).

L'appolo.

Signification : la conjonctivite.

Exemple :

> ➢ *Depuis hier, Simon n'est pas allé à l'école parce qu'il a l'appolo, pour ne pas qu'il contamine d'autres enfants.*

En rapport avec l'activité commerciale / Les finances

Le boutiquier.

Signification : le tenancier d'une épicerie de quartier.

Exemple :

> ➢ *Marie, peux-tu t'arrêter chez le boutiquier pour moi ? J'ai besoin de sucre.*

La boutique.

Signification : épicerie.

Exemple :

> *Marie se rend à la boutique pour acheter du sucre à sa maman.*

Bayam salam (les).

Appellation désignant les revendeurs (ses)[16] de produits vivriers

Origine : tiré de l'anglais buy (vendre) and salers (acheteurs).

Exemple :

> *Les bayam salam sont des lève-tôt. Si tu as besoin de fruits du jour, même à 6 heures du matin tu peux te rendre au marché, tu les*

---

[16] Vendeurs (ses) de fruits et légumes. Rôle assumé par les femmes en majorité.

trouveras déjà installées derrière leur comptoir.

Un gombiste.

Signification : quelqu'un qui a de l'entregent ; un Homme de réseaux.

Exemple :

> ➢ *Ton frère est un puissant gombiste. Il a des entrées partout.*

Les congelées.

Signification : voitures d'occasion.

Exemple :

> ➢ *Mes congelées arrivent demain au port, j'ai même déjà deux preneurs.*

Un preneur.

Signification : dans le jargon commercial camerounais, il s'agit du client.

Exemple :

> ➢ *J'ai déjà deux preneurs pour mes bougna qui arrivent demain au port de Douala.*

Les do.

Signification : Argent

Origine : diminutif de dollars.

Synonymes également utilisés et ayant la même signification : **le nkap, les fafio, le gombo.**

Exemple :

> ➢ *Gars j'ai besoin du nkap pour payer mon minerval, la semaine prochaine.*

Dépanner.

Signification : donner de l'argent à quelqu'un (1) ; venir en aide financièrement (2).

Synonymes également usités et ayant la même signification : **faroter, tchoko.**

Exemple :

> ➤ *Maama, il fallait être là hier soir à l'hôtel. Samuel Eto'o a faroté les gens pêle-mêle.*

> ❖ Mots et Synonymes qui se rapportent au verbe dépanner : **le dépannage, le farotage. Le tchoko.**

Un faroteur.

Signification : une personne qui distribue de l'argent publiquement et de manière ostentatoire.

Origine : emprunté au nouchi, argot parlé en Cote- d'ivoire.

Exemple :

> *Mon frère, tu es un bon faroteur !*

Être nguémé.

Signification : être sans le sou ; être en manque d'argent.

Synonymes également usités et ayant la même signification : **être foiré. Être kobo.**

Exemple :

> *Annette, je ne peux pas te payer le transport aujourd'hui, je suis nguémé.*

❖ Mots et Synonymes qui se rapportent au verbe être nguémé : **un (e) nguémé man** ou nga, le nguémé (la pauvreté), le foirage.

- ❖ Groupe de mots qui s'apparente à ne pouvoir rien donner (financièrement) : **même pas hap.**

Falla les do.

Signification : se battre pour trouver de l'argent.

- ❖ On peut aussi utiliser « falla » pour dire qu'on est à la recherche d'une personne. en ce moment, ce sera : *falla quelqu'un.*

Exemple :

- ➢ *Je falla les do pour buy mon loyer.*

Send les do.

Signification : expédier ; envoyer de l'argent.

Emprunté au verbe anglais « to send », qui veut dire « envoyer ».

Exemple :

> *J'ai send les do au bled hier à mes parents.*

La cotisation.

Il s'agit d'une ronde d'investissement collectif entre particuliers, à montant fixe, avec des rencontres mensuelles ou bimensuelles. C'est un mix entre épargne et avance de fonds[17].

Synonyme également usité : **la réunion.**

❖ On parle généralement de **tontine** (à cause du mode opératoire) sans que ce soit réellement une tontine.

---

[17] Sans intérêts.

Exemple :

> *Il y a rencontre de cotisation chez Solange dimanche prochain. Si tu veux faire partie du groupe, tu dois être prête à verser 25.000 frs cfa par mois. C'est le 2ème dimanche de chaque mois.*

Fap cents.

Signification : 500 francs cfa.

Exemple :

> *Alino pousse-moi fap cents → Alino donne moi (j'ai besoin) de 500 francs cfa.*

Les ngbass.

Signification : millions (les).

Exemple :

> *Un gars ne peut rouler dans ce type de véhicule, que s'il a les ngbass.*

Pièce.

Signification : 100 francs cfa.

Exemple :

> *Ma sœur, j'ai une pièce pour un plat de beignet – jazz (beignet – haricot).*

Kolo.

Signification : 1000 francs cfa.

Exemple :

> *Il me reste plus que ce billet de kolo pour tenir jusqu'à la fin du mois.*

Kolo fap.

Signification : 1500 francs cfa.

Exemple :

> *Ce pantalon coûte kolo fap.*

La feuille.

Signification : billet de 10.000 francs cfa.

Synonyme également usité et ayant la même signification : le **mboma**

Exemple :

> *Gars, peux-tu me trouver une feuille ?*

Le 4.9.

Signification : quatre millions neuf cents mille francs cfa.

Origine : marché public d'un montant de 4 millions 9 cents mille francs cfa, octroyé de gré à gré par les gestionnaires de fonds publics. Car au-delà de ce montant[18], le marché doit être soumis à un appel d'offres.

Exemple :

> *Je vais voir mon oncle au Minfi[19] pour qu'il me pousse un 4.9.*

En rapport avec la coiffure

Les tresses.

Verbes apparentés : Se faire des tresses, se tresser (au fil ou à la main).

Les nattes.

Verbes apparentés : se faire des nattes, se natter.

---

[18] À partir de 5 millions.

[19] Ministère des finances.

Exemple de tresses ou de nattes :

> *Les rastas.*

En rapport avec la boisson / la restauration / la fête & autres termes s'y rapportant

Le market.

Signification : le marché.

Exemple :

> *Ma mater est go au market, le chap parce qu'elle reçoit sa réunion cet aprèm.*

La boma.

Signification : La nourriture.

Synonymes également usités et ayant la même signification : **la nyàma, la djaf, la bouffe, la tchop, la damé.**

Exemple :

> ➢ *Mon gars, je t'invite au mariage de Mirabelle samedi prochain. Il y aura la boma pêle-mêle.*

Le pousse-pousse / voiturette prisée pour le transport des courses.

Voiturette légère à deux roues d'origine japonaise. Large de deux places, tirée ou poussée par un homme. Au Cameroun, les pousse-pousse servent en général comme moyen de transport des denrées ; surtout pour ceux qui ne veulent ou ne peuvent emprunter un taxi après de gros achats au marché.

Ceux qui les conduisent, sont en généralement sollicités par les dames pour une aide en échange d'un montant convenu à l'avance entre les deux parties.

Certaines personnes les réquisitionnent aussi lors de leur déménagement.

Tchop.

Signification : « manger ». Il peut aussi s'utiliser comme nom. A ce moment, il est précédé d'un article féminin.

Synonymes également usités et ayant le même sens : **eat** (du verbe anglais « to eat »), **boma, nyama, damer, bouffer.**

Exemple :

> ➤ *Molla j'ai très faim, j'ai envie de tchop les beignets – jazz.*

Les makala.

Signification : autre nom donné aux beignets.

Exemple :

> ➤ *Gars, sers moi un plat de makala avec bouillie et jazz.*

Le jazz.

Signification : autre nom donné au Haricot.

Synonyme également usité et ayant la même signification : **le H.**

Exemple :

> ➤ *Donne-moi un plat de beignets-H.*

Le ndolè aux impressions laser.

Signification : un plat de ndolè avec un zeste de haricot.

Exemple :

> ➤ *JC, ça te dirait de venir partager un plat de ndolè aux impressions laser avec moi chez Kingué, à Bonass ?*

Le tap's.

Signification : autre nom donné au Tapioca.

Exemple :

> *Combien coûte un verre de tap's?*

La sauce Fanta[20].

Signification : nom donné à la sauce d'arachide.

Origine du nom : en raison de sa couleur orange[21] et ayant été l'un des plats, les plus servis au restaurant universitaire à Ngoa-ékellé, les étudiants ont fini par lui donner ce nom. C'est un plat des peuples de la grande région du Centre - Sud.

---

[20] Le Fanta est une limonade ou boisson gazeuse locale de coloration orangée.

[21] Couleur donnée par le mixage : pâte d'arachides (beurre de cacahuètes) et purée de tomate.

Exemple :

> *Gars, qu'y a-t-il au menu dans ton resto ce soir ?*

> *Pour ce soir, nous avons : des beignets, le jazz, du poisson, du riz, la sauce tomate et la sauce Fanta.*

Les missounga.

Signification : boyaux de viande.

Exemple :

> *Madame, pouvez-vous me servir un plat de missounga bien pimentés?*

Le circuit.

Nom donné aux domiciles privés transformés en restaurants. En Côte d'Ivoire, ils sont appelés « maquis ».

Exemple :

Patrice appelle son ami pour l'inviter…

> *Alain bonjour. C'est comment mon frère ? Es-tu libre à 18h30 ce soir ? Je t'invite au circuit de Charlotte pour un poulet DG, es-tu partant?*

❖ Autre type de petits restos : **le tourne-dos.** On les retrouve généralement aux abords des routes. En effet, les bancs sur lesquels sont assis les clients sont disposés de manière à ce qu'ils aient le dos tourné à la route.

Le bar.

Signification : une buvette où l'on peut consommer sur place ou emporter sa bouteille de bière / jus de fruits ou sa limonade.

Exemple :

> *Je suis en train de jong dans le bar à côté, avec mes amis.*

La jong.

Signification : boisson. Cela peut-être une bière, une limonade, un jus de fruit ou du vin.

Synonymes également usités et ayant la même signification : **la mimbo, la biro, le top**[22].

Exemple :

> *Mes amis me demandent de leur buy la jong.*

Kayaman.

Signification : Fumeur de joints.

---

[22] Marque d'une limonade, consommée comme un jus de fruit.

Exemple :

> *Laisse-le kayaman-là tranquille, quand il a fumé son banga, il ne se rappelle plus des promesses qu'il a faites la veille.*

Le banga ou le ta'ah.

Signification : le joint / La marijuana.

Exemple :

> *Il y a une forte odeur de banga à la cité U[23].*

La dak.

Signification : la cigarette.

Synonyme également usité : **la mèche.**

Exemple :

---

[23] Cité Universitaire.

> *Gars, passe une mèche s'il te plaît.*

La njoka.

Signification : la fête

Synonyme également usité : **le mouvement, la bougui, l'ambiance**.

❖ Qualificatif s'y remportant : **ambianceur**.

Exemple :

> *Molla, tu aimes trop la njoka.*

Enjoy.

Signification : profiter de…

Origine : tiré du verbe anglais « to enjoy », qui veut dire s'amuser ; aimer.

Exemple :

> *Arielle enjoy sa nouvelle vie de mannequin.*

Un(e) tuyauriste.

Signification : une personne qui s'invite à une fête sans y avoir été conviée.

Exemple :

> *Les tuyauristes étaient nombreux au mariage de Mirabelle, hier soir.*

Saka.

Signification : danser.

Exemple :

> *On a saka grave à la soirée de mariage.*

La mise en bière.

Signification : se retrouver entre copains pour se saouler la gueule.

Exemple :

> *Les gars retrouvons-nous à 15 heures à l'école des postes, pour une mise en bière.*

Être ndôck.

Signification : être gourmand; être glouton.

Exemple :

> *Ce gars est vraiment ndôck ! il a avalé tout le repas de son cadet.*

Le ndôck.

Signification : gourmandise (la); la gloutonnerie.

Exemple :

> *Le ndôck est un défaut.*

En rapport avec l'habillement / les vêtements

La sape.

Signification : les vêtements.

 ❖ Verbe : **saper** **(aimer** **saper)** ;
 Qualificatifs : **les sapeurs, les sapeuses.**

Synonymes également utilisés et ayant la même signification : **la fringue, la ntinguè.**

 ❖ Verbe associé : **fringuer** **(aimer fringuer)**;
 Qualificatifs : **un** **fringueur,** **une** **fringueuse.**

Exemple.

 ➢ *Pascal, tu as encore acheté une nouvelle veste cette semaine ! Molla qu'est-ce que tu aimes la sape !*

Être frais.

Signification : être élégant.

Synonymes également usités : **look well, être chaud**.

Exemple :

> ➤ *Alex est frais à mort, dans son nouveau costume.*

Le costard.

Signification : le costume.

Exemple :

> ➤ *Alex pourquoi te mets-tu en costard ce matin ?*

La tchaka ou les tchakass.

Signification : chaussures.

Synonyme également usité et ayant la même signification : **la ngop.**

Exemple :

> ➢ *Manu, passe-moi ma ngop, s'il te plaît*

La ten.

Origine : diminutif de tennis.

Signification : chaussures de sport ou baskets (chaussures).

Exemple :

> ➢ *Cette ten coûte kolo.*

Les babouches.

Signification : les tongs.

Synonyme également usité : **les sandalettes.**

Exemple :

> *Marion, passe-moi mes babouches, ces chaussures me font mal aux pieds.*

Les kôss-kôss.

Signification : chaussures à talons hauts.

Origine : résonnance du talon aiguille sur un sol carrelé.

Exemple :

> *Maman buy moi de jolies kôss-kôss.*

L'akrika.

 Signification : vêtements et chaussures usagés vendus dans divers marchés du pays.

Synonyme également usité : **friperie** (la), **l'Aboré**.

Exemple :

Henriette dit à Pulchérie qu'elle est magnifique dans sa tenue. Et celle-ci de lui répondre :

> *Ma chérie ne te fie pas aux apparences. Grâce à l'akrika, nous donnons l'impression d'être richement vêtue alors qu'il n'en est rien.*

Les sauveteurs.

Signification : les vendeurs (ses) de vêtements usagés et parfois des fins de série (vêtements, chaussures, sacs). On les retrouve dans tous les marchés du pays.

Exemple :

> *Mon grand-frère est sauveteur au marché Mokolo.*

Le 1er choix.

Terme se rapportant aux vêtements usagés nouvellement déstockés.

Signification : en exclusivité.

Exemple :

> ➢ *Mon ami, je ne peux te laisser ce pantalon jeans à 5000 francs cfa. Parce que c'est un 1ᵉʳ choix.*

En rapport avec le tourisme / les voyages/ l'immigration

La ndang.

Signification : carte nationale d'identité (la).

Exemple :

> *Bertrand, quand tu waka à Ongo[24], ne sors jamais sans ta ndang.*

Le bled.

Signification : le pays (le Cameroun).

Synonymes également usités et ayant le même sens : **le mboa, le kô, le Camer (K-mer).**

Exemple.

> *Mes amis, c'est ma dernière journée de travail ce jour. Demain matin je prends mon vol pour 2 mois de vacances au mboa.*

Les K-mer.

Signification : les camerounais.

Exemple :

---

[24] Diminutif d'Ongola, autre appellation de Yaoundé.

> *Les k-mer sont reconnus à l'extérieur du pays pour leur intelligence.*

M'beng.

Signification : l'occident. Peut importe le pays.

Exemple :

> *Cécile est retournée à m'beng hier soir.*

Avoir les kaolo.

Signification : Être en situation régulière en pays étranger.

Synonyme également usité et ayant la même signification : **avoir les papers** (camfranglais).

Exemple.

> *Qu'est ce qui signifie avoir les kaolo ?*

> *Une personne qui a les kaolo, c'est quelqu'un qui a un statut légal dans le pays dans lequel il séjourne.*

Le létch.

Signification : le village

Origine : diminutif du mot « village (lire en anglais) » ayant subi des transformations.

Exemple :

> *Demain, je vais au létch, je vais rendre visite à ma vieille (ma maman).*

Le kwat.

Signification : le quartier (le lieu de résidence).

Exemple :

> *Je back au kwat demain soir.*

En rapport avec les transports.

Au Cameroun, le transport public n'est pas aussi développé comme c'est le cas, dans certains pays d'Afrique. Hormis les moyens de locomotion personnels, On trouve comme services de transports interurbains: les taxis, les mototaxi, les opep ou clandos et les bus.

Le taco.

Signification : le taxi.

Synonyme également usité : **le takesch.**

Exemple :

> *Anne, appelle-moi un taco pour Akwa.*

Opep ou clando.

Signification : taxi clandestin, camionnette ou minicar desservant les quartiers périphériques.

Synonyme également usité : **cargo** (notamment dans la ville de Douala).

Exemple :

> ➢ *J'ai mon cargo à prendre 10 heures, il faut que j'y aille.*

Les benskin.

Signification : mototaxi.

> ❖ Qualificatif se rapportant à ce mot : benskinneur.

Exemple :

> ➢ *Pour être un benskinneur, il te suffit juste d'acheter une moto et ton business est lancé.*

Le pousseur.

Signification : conducteur de pousse-pousse[25].

Exemple :

> ➤ *Je ne pourrai porter ces sacs toute seule. S'il te plaît, appelle un pousseur qui m'aidera à les transporter jusqu'à la maison.*

Pour ce qui est du transport inter régions.

Le service est assuré par de grands autobus ou autocars à l'instar de l'Orléans express (entre Québec et Montréal) ; Flixbus (entre Paris et Bruxelles), installés en agences de voyage.

Les achats de tickets de transports se font sur place à l'agence de voyage, soit quelques minutes avant votre départ, selon l'ordre d'arrivée.

Il existe plusieurs gares routières (en fonction de votre point de départ) installées à différentes sorties de la ville, et en fonction de la région dans laquelle vous vous rendez.

3ème partie

CHAPITRE 6

EXPRESSIONS ET VERBES SE RAPPORTANT A DIVERS DOMAINES DE LA VIE COURANTE

Ask.

Signification : demander.

Origine : tiré du verbe anglais « to ask », qui veut dire demander.

Exemple :

> ➢ *J'ai ask les do à la mater pour m'acheter les fascicules (syllabus).*

Easy.

Origine : emprunté à l'anglais. En anglais, « easy » veut dire facile.

Signification : du calme

Synonymes également usités et ayant la même signification : **na yô'ô, molo, calmass.**

Exemple :

> Alan et ses amis vont assister à un concert et il est tellement surexcité qu'il met la pression aux autres. Alors son ami Gérard intervient :

> ➢ *Hé Alan, easy mon ami, nous allons tous au même concert et voulons aussi y être à l'heure. Pas besoin de nous mettre une telle pression !*

Jong.

Signification : boire, prendre une boisson (bière, jus de fruit, limonade, eau etc.)

Synonymes également usités et ayant le même sens : **tôngô, mimbo, drink.**

> ❖ Qualificatif qui se rapporte à ce verbe : **un (e) mimbologue** (un/une soûlarde).

Exemple :

> ➢ *J'ai tôngô pêle-mêle, hier soir.*

Effacer.

Signification : manger avec bon appétit.

Synonyme également usité : essuyer.

Exemple :

> *Armand a effacé son plat en un temps deux mouvements.*

Hèlèp.

Signification : aider

Origine : anglicisme tiré du verbe « to help » qui signifie « aider ».

Exemple :

> *Mbom hèlèp moi à porter mon koa, s'il te plaît.*

Kappa.

Signification : attraper ou prendre la main dans le sac.

Exemple :

> *On a kappa cet homme en train de voler dans une épicerie.*

Back. Sens 1er.

Signification : rendre ; rembourser.

Origine : adverbe anglais « back », qui veut dire vers l'arrière ou en arrière.

Exemple :

> *Cyrille back moi mes do, je ne voyage plus.*

Back. Sens 2ème.

Signification : rentrer ; retourner.

Exemple :

> *Molla, il commence à se faire tard. Je back à la piaule.*

Falla.

Signification : chercher.

Exemple :

> ➤ *Mon père viendra me falla demain après-midi, à la sortie du cours.*

Bôk.

Signification : porter.

Exemple :

> ➤ *Henri a bok ses nouvelles chaussures.*

Descendre quelqu'un.

Signification : trahir quelqu'un (sens 1er), calomnier quelqu'un (sens 2ème).

Synonyme également usité : **vendre quelqu'un** ou, **nyang une personne**.

Exemple :

> *Laissez-moi vous êtes de faux-frères, vous m'avez vendu chez la vieille ! vous lui avez tout dit.*

Shiba. Sens 1er.

Signification : aller pour ; voyager pour.

Synonymes également usités : **descendre au pays.**

Exemple :

> *Je shiba au bled demain ou je descends au bled demain ; je voyage pour le Cameroun demain.*

Shiba. Sens 2ème.

Signification : dans ce cas précis, shiba, qui est également utilisé comme verbe, veut dire : fuir.

Synonymes également usités : **Piak, Maara, Poum, Pem.**

Exemple :

> ➤ *Dès que j'ai vu les gars se lancer des injures après le match, j'ai préféré shiba (poum ou piak) avant que ça dégénère.*

Shiba quelqu'un. Sens 3ème.

Signification : trahir une personne / se comporter en traître.

Exemple :

> ➤ *Laisse-moi cette affaire avec mon petit-frère, le gars m'a shiba alors que je lui avais confié tout mon business.*

Djoss. Sens 1er.

Signification : discuter.

Exemple :

> *Je ne comprends même pas pourquoi il djoss, alors qu'on l'a pris la main dans le sac !*

Djoss. Sens 2ème.

Signification : dire à quelqu'un quelque chose.

> *Massa, je te djoss que cette fête, c'était le high level.*

Fimba.

Signification : ressembler à.

Exemple :

> *Ekiée, Marie - Sophie, tes fils te fimba terriblement.*

Se noua. Sens 1er

Signification : se cacher.

Exemple :

> *Alain, voilà la mater qui arrive, je vais me noua et si elle demande après moi, dis-lui que je suis sorti et que je ne serai pas long à rentrer.*

Noua. Sens 2ème.

Signification : garder.

Exemple :

> *Noua moi mes vêtements s'il te plaît, je les récupère à mon retour ce soir.*

Tcha les mapanes.

Signification : s'enfuir ou prendre ses pieds à son cou.

Synonymes également usités et ayant le même sens : **tcha les sissongo, prendre la tangente, Nyongô.**

Exemple :

> *Ruffin a tcha les mapanes depuis qu'on a découvert sa roublardise.*

Barrer.

Signification : le fait de mettre fin à une relation (dans le cadre des relations amoureuses).

Synonyme également usité et ayant la même signification : **ndem quelqu'un.**

Exemple :

Simon constate qu'Armand, son ami est morose depuis quelques jours et décide de s'enquérir de la situation.

> *Armand pourquoi cet air triste depuis quelques jours ?*

> *Laisse-moi gars, Aline m'a ndem.*

Hambok.

Signification : déranger, embêter.

Origine : dérivé du verbe anglais « harm out », qui veut dire nuire.

Exemple :

> ➤ *Cette situation me hambok.*

Waka.

Signification : marcher.

Origine : dérivé du verbe anglais « to walk », qui veut dire « marcher ».

Exemple :

> ➤ *Aujourd'hui Pierre a choisi de waka tout seul. Il n'est pas accompagné par Paul comme c'est le cas chaque matin.*

Frapper.

Synonyme : **fey**

Signification : voler, dérober, subtiliser.

Exemple :

> ➢ *Maurice a frappé les do de son big (frère aîné).*

Fia.

Signification : avoir peur.

Dérivé du verbe anglais « to fear », qui veut dire « avoir peur ».

Exemple :

> ➢ *Mon frère, tu fia quoi ? Qu'est-ce que celui-là peut te faire ?*

Nang ou go nang.

Signification : « aller se coucher », aller au lit.

Synonymes également utilisés : **go sleep** (« dormir » en anglais), **aller au bed** (le mot « bed » : lit, est également emprunté à l'anglais) ; **pioncer**.

Exemple 1 :

> *Les gars, malgré cette victoire des lions, je vous assure que je ferai l'effort de nang tôt ce soir.*

Exemple 2 :

> *Gars, je go sleep. Je dois être au boulot à 7h30 demain matin.*

Nyè.

Signification : voir

Synonyme également usité : look (du verbe anglais « to look »).

Exemple :

> *Gars, tu nyè ma nouvelle shoes. Comment la trouves-tu ?*

M'boundja.

Signification : marquer un but.

Exemple :

> *Les lions ont mboundja le but de la victoire, à la 88ème minute en finale de la CAN, contre les pharaons d'Egypte.*

Avoir match.

Signification : être opposé à quelqu'un au sujet de quelque chose; combattre contre quelque chose/ Avoir difficile...

Exemple :

> *J'ai match avec la vieille parce qu'elle ne souhaite pas que je voyage ces jours-ci.*

Comot.

Emprunté au verbe anglais (come out).

Signification : sortir.

Exemple :

> *Je dois comot cet aprèm avec ma mater.*

Cot ou cotam.

Signification : couper

Origine : anglicisme tiré du verbe « to cut » : qui veut dire « couper ».

Exemple :

➢ *Gars j'ai très faim, cot moi un peu de ton pain, s'il te plaît.*

Être vexe.

Signification : être en colère.

➢ *Je suis vexe grave parce qu'on m'a fey.*

Racler.

Signification : balayer quelqu'un d'un coup de pied de manière à lui faire perdre l'équilibre

Synonyme : **couper une chandelle.**

Exemple:

➢ *Le mbéré a coupé une chandelle au n'doss.*

Win Quelqu'un.

Signification : berner quelqu'un ou avoir quelqu'un à son propre jeu.

Expression apparentée : **rouler quelqu'un, monchon (bluffer).**

Exemple :

> ➢ *Ma sœur, j'ai win le man là. Il croyait m'avoir mais c'est lui qui en a eu pour son compte.*

Être partant.

Signification : être intéressé.

Synonyme également usité et ayant également la même signification : **être chaud.**

Exemple :

> ➢ *Nous sommes partant pour donner un coup de main à Bertin dans l'organisation de la soirée de son mariage.*

Tcham.

Signification : « bagarrer ou se battre ». Il peut aussi s'utiliser comme nom. Dans ce cas, il est précédé d'un article féminin.

Exemple :

> *Quelques supporters de Bamboutos de Mbouda ont tcham avec ceux du Canon de Yaoundé après le match qui a opposé les deux équipes hier, à Yaoundé.*

Ham.

Signification : se prendre la tête avec quelqu'un.

Exemple :

> *J'ai ham avec ton man-là hier soir.*

Mimba. Sens 1er.

Signification : se donner de l'importance

Synonymes également utilisés et ayant le même sens : **crâner.**

Exemple :

> ➢ *Ce gars mimba trop. Tu n'as qu'à voir comment il s'adresse à ses collègues de travail. Il semble oublier qu'ils sont tous des ingénieurs.*

La mimba. (Nom)

Signification : la vantardise ; se donner de l'importance.

Exemple :

> ➢ *Ce gars aime la mimba, Yeuch ! Alors qu'il n'a rien d'exceptionnel*

> ❖ Mots et Synonymes qui se rapportent au mot mimba : **Un crâneur, un mimbaïeur**

Mimba. Sens 2ème.

Signification : penser à quelqu'un.

Exemple :

> *Depuis quelques jours, je n'arrête pas de mimba à ma sœur. Elle me manque énormément.*

Nyang.

Signification : vendre

Exemple :

> *J'ai nyang ma voiture à une amie parce que je souhaite buy une autre.*

Look.

Signification : regarder ; jeter un coup d'œil ou vérifier.

Synonyme également usité : **watch**.

Origine : du verbe anglais « to look », qui veut dire regarder.

Exemple :

> ➢ *Massa, look moi la météo et dis-moi quel temps, il fera demain.*

Lap.

Origine : dérivé du verbe anglais « to laugh »

Signification : rire.

Exemple :

> ➢ *On m'a raconté une histoire hier qui m'a fait lap pêle-mêle.*

Brasse quelqu'un.

Signification : engueuler quelqu'un.

Synonymes également usités : **laver quelqu'un ;
ramasser quelqu'un.**

Exemple :

> ➤ *La mater m'a brasse aujourd'hui grave parce
> que je n'ai pas obtenu une bonne note en
> maths.*

Buy.

Signification : acheter

Origine : tiré de l'anglais « to buy », qui veut dire
« acheter ».

Exemple :

> ➤ *Je vais buy une nouvelle bougna.*

Avoir le hemlè.

Signification : avoir un esprit combatif ; être un (e) conquérant(e).

Exemple :

> *les camerounais ont le hemlè.*

Être kass.

Signification : être fatigué ; être épuisé.

Exemple :

> *Man je suis kass, je vais me coucher. J'ai une longue journée demain.*

Être vacciné(e).

Signification : avoir appris la leçon ; être averti(e).

Synonymes également usités et ayant la même signification : **être soigné(e).**

> *Je suis vacciné(e) contre le fey.*

Être pash.

Signification : être dépassé (dans le sens, de quelque chose qui est au-dessus de soi ou qui va au-delà de notre entendement).

Exemple :

> *Depuis que j'ai ya cette histoire, je suis pash.*

Être un(e) vendu(e).

Signification : une personne qui a vendu son âme ; qui a perdu toute sensibilité ou le sens de l'honneur.

Exemple :

> *Cette nga est une vendue. Comment peut-elle abandonner son mari dans cet état, pour aller vivre ailleurs ?*

Le war (lire wouar).

Signification : la souffrance ; la galère.

❖ Verbe se rapportant à ce mot : **war**.

Exemple :

➢ *Le war touche les cop's à Ngoa.*

Bolè.

Signification : fini.

Exemple :

➢ *La belle époque est bolè. Les gens sont devenus plus individualistes.*

Être bolè / Être fini (e).

Signification : avoir passé l'âge ; ne plus être en mesure de…

Exemple :

> *Ma grand-mère est bolè. Elle n'arrive même plus à soulever un seau d'eau de 10 litres.*

Ya mo.

Signification : prendre plaisir ; aimer.

Synonyme également usité : **piffe**.

Exemple :

> *Cyrille ya mo son épouse grave !*

Guio.

Signification : jouer (dans le sens de s'amuser).

Synonyme également usité : **play** (du verbe anglais « to play ».

Exemple :

➢ *Le TKC[26] guio ce soir à Garoua contre le Coton Sport[27].*

Die. (Lire daï)

Signification : mourir ; décéder.

Origine : tiré du verbe anglais « to die », qui veut dire mourir.

Exemple :

➢ *Aline et Thomas vont tenir compagnie à Léonard dont la mère est die, la semaine dernière.*

Vouss.

Signification : manquer ; rater ou perdre.

---

[26] Le Tonnerre kalara Club de Mvog Ada, l'une des principales équipes de football de la capitale Yaoundé.

[27] La principale équipe de football du Nord.

Exemple :

> ➢ *J'ai vouss mon train.*

Le fey.

Signification : une escroquerie.

Exemple :

> ➢ *Ma sœur n'achète pas ce bijou, c'est un fey.*

> ❖ Expression qui se rapporte au mot « fey » : **la feymania, feyman, feywoman...**

Le njoh. Article facultatif.

Signification : gratuit ou gratuitement.

Exemple :

> ➢ *J'ai eu cette bougna, njoh.*

La bougna.

Signification : une automobile ou une voiture.

Exemple :

> ➤ *J'ai acheté une nouvelle bougna et j'ai réussi à nyang ma première, à une amie.*

L'épaulage.

Signification : exclure, écarter.

Exemple :

> ➤ *Gars, quel épaulage vous m'avez fait ! vous avez choisi de ne pas m'informer du baptême du fils de Pierre !*

La tcham.

Signification : la bagarre ; la lutte.

Exemple :

> *La police est venue mettre un terme à une terrible tcham entre deux revendeurs cet aprèm, au marché du mfoundi*[28]

Le chap.

Signification : le matin, très tôt.

Exemple :

> *Je dois me rendre le chap demain matin à la gare routière, si je veux être à Mbalmayo[29] avant 9h30.*

L'aprèm.

Diminutif du mot « après-midi ».

Exemple :

---

[28] Grand marché de fruits et légumes situé dans le centre-ville de Yaoundé.

[29] Localité située à 35 kilomètres, de Yaoundé la capitale.

> *Cet aprèm, nous avons un TP (travail pratique) de Biochimie à l'amphi 501 à Ngoa-Ekellé[30].*

La night.

Mot emprunté à l'anglais.

Signification : le soir ou la nuit.

Exemple :

> *Les gars avec la victoire des lions, la night va être longue.*

Le work.

Signification : le travail.

---

[30] La première université du Cameroun. Elle est située non loin du palais de l'Assemblée nationale.

Origine : Tiré du verbe anglais « to work » qui veut dire travailler.

Exemple :

> *Gars je go nang, il se fait tard. Je dois être au work demain à 7 heures 30.*

Les mapanes.

Signification : cafouillage.

Origine : dérivé du mot « Afane » en Ewondo, qui veut dire la brousse. Être dans les mapanes, c'est être impliqué dans une situation que l'on ne souhaite pas faire connaître aux autres.

Synonyme également usité : **les sissongo.**

Exemple :

> *Aline où vas-tu d'un pas si alerte ?*

Arroser.

Signification : célébrer.

Exemple :

Le sassayé.

Signification : bonjour la liberté ou gratuité.

Exemple :

Le ndamba.

Signification : le ballon.

Exemple :

> *Les lions nous ont vraiment impressionnés lors de cette CAN 2017. Ils ont joué au ndamba avec un esprit conquérant.*

Le way.

Signification : la chose. Peut-être utilisé pour désigner des objets[31].

Origine : tiré de l'anglais « the way », qui veut dire la voie.

Exemple :

> *Pour dire à un ami passe-moi tes écouteurs, s'il te plaît. Il est possible de dire :*

- *Passe-moi ton way.*

---

[31] Pour ce mot, vous devez entretenir une certaine camaraderie (proximité) avec votre interlocuteur (trice).

> *Nina souhaite qu'Ursule lui passe la bouteille d'eau, qui se trouve à 10 mètres d'elle.*

- *Ma cota, passe-moi le way-là.*

Le cellulaire.

Signification : téléphone portable ou GSM.

Synonymes : **Phone, télef**.

Exemple :

> *J'ai oublié mon cellulaire à la maison alors que j'ai des coups de fil importants à passer.*

Le kongossa.

Signification : le commérage.

Synonymes également usités et ayant la même signification : **le songui-songui**, **le mouchardage, le minsossi, le tchotchori.**

Exemple :

> *Les nga aiment le kongossa.*

Les sabitou.

Signification : les personnes qui ont la prétention de tout savoir et à qui estiment que personne n'a rien à leur apprendre (1ère catégorie), les personnes commères (2ème catégorie).

Synonyme également usité : **les sabi-all.**

Exemple :

> *Si tu veux avoir des infos croustillantes, va voir chez Marcia. Elle est la sabitou du coin.*

Le tchakala.

Signification : le bordel ; le désordre, le libertinage.

Synonyme également usité et ayant la même signification : **le mpounga mel**.

Exemple :

> ➤ *Hier soir après avoir bu, Pierre et Henri ont fait le tchakala dans le bar de Roméo.*

Aimer le nyanga.

Signification : prendre plaisir à se faire belle.

Exemple :

> ➤ *Ta ressé aime le nyanga pêle-mêle.*

La mop.

Signification : la bouche.

Origine : dérivé du mot anglais « mouth », la bouche.

Généralement utilisé pour dire à quelqu'un ou d'une personne qu'elle a une grande gueule.

Exemple :

> *Hum ma cota, tu as la mop, hein !*

Kougna-kougna.

Signification : à pas feutrés.

Exemple :

> *Quand un homme s'intéresse à une femme, il l'aborde kougna kougna…*

Molo-molo.

Signification : petit à petit ; sûrement.

Exemple :

> *Les travaux de réfection de ma maison avancent molo-molo.*

Pô-pô.

Signification : expression par laquelle on s'assure de la véracité d'une information.

Synonyme également usité : **c'est vrai ?**

Exemple :

> ➢ *Mon ami, cette offre de business est pô-pô ?*

Fais quoi – fais quoi.

Signification : quoiqu'il arrive.

Exemple :

> ➢ *Alain je te remercie pour cette invitation que tu m'adresses pour le mariage de Mirabel. Fais quoi-fais quoi, je serai présent.*

Back-back.

Signification : à l'insu de.

Exemple :

> *Il est parti back-back sans me dire.*

Okalga.

Signification : méfie-toi ; fais attention.

Exemple :

> *Mon frère, toi qui écris n'importe quoi sur les autres sur internet, Okalga !*

Sortir un modèle.

Signification : raconter des sornettes

Exemple :

> *Molla, laisse- moi cette histoire. C'est encore un modèle que tu me sors !*

Taper les divers.

Signification : papoter.

Exemple :

> *Gars si tu as le temps, viens à la maison tomorrow, on va taper les divers.*

Donner le A1.

Signification : livrer l'exclusivité d'une information.

Exemple :

> *Annette, donne-moi kolo ; je te donne le A1 sur la petite-là.*

Un temps deux mouvements.

Signification : en un temps record.

Exemple :

> *Alliance a effectué son devoir en un temps deux mouvements.*

Sortir un toli.

Signification : raconter une histoire.

Exemple :

➤ *Stéphane, sors –nous le toli de ta réussite.*

Falla Les pètes.

Signification : chercher noises.

Exemple :

➤ *Depuis que j'ai signalé à la direction les magouilles de mon collègue, ce dernier me falla les pètes en toute occasion.*

En rapport avec la maison / La construction

La piaule.

Signification : la maison.

Exemple :

➤ *Gars je suis Kass, j'ai nettoyé ma piaule de fond en comble cette journée.*

La kam.

Signification : la chambre.

Origine. Peut-être un diminutif du mot allemand « kamer », qui veut dire chambre.

Exemple :

> *J'ai trouvé une piaule de trois kams.*

La terre battue ou poto poto.

❖ Il s'agit de la boue ou latérite de couleur rouge utilisée comme matériau de construction par de nombreux paysans et des personnes dépourvues de moyens pour se bâtir une maison.

Exemple :

> *Les maisons du village sont généralement construites en terre battue.*

En rapport avec le spirituel

Malam.

Signification : le marabout /Sorcier/Féticheur.

Pratiquer.

Signification : participer aux pratiques occultes.

Synonyme également usité : **avoir l'écorce.**

Le tobassi.

Signification : envoûtement.

Synonyme également utilisé : **le grimba.**

❖ **Faire le tobass** : envoûter quelqu'un.

Avoir été cook (préparé) au létch.

Signification : avoir été envoûté.

Synonyme également usité : **attacher quelqu'un.**

175

Avoir été work au létch.

Signification : avoir reçu des pouvoirs mystiques ou subit un rite initiatique.

Va te laver au létch.

Signification : autre manière de dire à une personne qu'elle doit être délivrée des esprits méchants.

On t'a gâté ?

Signification : es-tu maudit(e).

Tu sors la nuit ?

Signification : es-tu un sorcier (ou un occultiste) ?

Être pap's.

Signification : être atteint de démence.

Synonyme également usité : **être paplé.**

CHAPITRE   7

LES PHRASES TOUTES FAITES ET LEUR SIGNIFICATION

Je te donne les mains.

Signification : tu m'impressionnes !

Synonymes : **tu es fort** ! **Tu m'as win ; tu m'as gagné.**

Aaah ! Va dire ça aux moutons.

Signification : ne nous prends pas pour des idiots.

J'ai ton macabo.

Signification : j'ai une dent contre toi.

Appuie mon ventre ça sort.

Signification : je n'ai rien à te dire à ce sujet.

Ton pied mon pied.

Signification : je ne te lâcherai pas.

Viens prendre dans ma bouche.

Signification : ne compte pas sur moi pour te le dire.

La honte glisse sur moi comme l'eau sur la feuille de macabo.

Signification : cela m'importe peu.

Tape ici ou tape là.[32]

____

[32] On le dit en présentant sa paume de main pour que son interlocuteur puisse taper de sa main.

Signification : jurer, sceller un accord ou un engagement.

Saute et cale en l'air !

Signification : va te faire fout… ou cuire un œuf

Tu coures dans le sac.

Signification : tu fais une fuite en avant ; ça ne te mènera nulle part (prendre une voie sans issue).

Je suis prêt.

Signification : j'ai les moyens de ma politique ; je suis capable…

Tu restes et ta part vient !

Signification : les choses me tombent dessus contre toute attente.

Je wanda.

Signification : je suis surpris(e) ; ahuri(e).
Expression dérivée de « wonder ».

Il n'y a rien, c'est l'homme qui a peur.

Signification : il n'y a rien à craindre.

Je suis à terre (ou au sol) ou je suis pliée.

Signification : propos que l'on tient lorsqu'une histoire nous provoque un fou rire.

Mouna for bôbôh / Mouna de kapo.

Signification : enfant de riches ou de nantis, fils à papa / Fils de...

Elle a born.

Origine : vient de l'anglais « to give birth »

Signification : elle a donné naissance.

Je pousse et je cale

Signification : je plie mais je ne romps pas.

Avoir le sang aux yeux.

Signification : être déterminé (e).

Tcha moi l'os ou casse-moi l'os.

Signification : salut qui consiste à joindre ses doigts à ceux de son vis-à-vis et à les claquer au même moment.

Je porte mon habit (ou mon string), ça te serre ?

Signification : Occupe-toi de tes affaires.

Ta part quoi là dedans ?

Signification : de quoi je me mêle.

Tu n'arraches pas une fois ?

Signification : manière de s'insurger contre une personne impatiente.

Pas le bep – bep / pas le parler.

Signification : ça se passe de commentaires.

Ça t'a raté !

Signification : tu l'as échappé belle !

Synonyme également usité : **ça t'a vouss.**

Tourner quelqu'un comme les beignets dans l'huile.

Signification : tourner quelqu'un en bourrique.

Ta tête est percée !

Signification : injure qui consiste à traiter une personne d'idiote ; d'insensée.

Circule dion[33].

---

[33] Autre diminutif de : dis donc !

Signification : vas voir ailleurs dis donc!

On djoss quoi ici ?

Signification : que se passe-t-il ici ?

Une chose ou quelqu'un me djam grave.

Signification : quelqu'un ou quelque chose me manque terriblement / j'ai besoin de quelque chose. Exemple : le létch me djam grave !

Chacun s'assoit Dieu le pousse.

Signification : chacun pour soi.

Tu dis quoi même, c'est ça que je mange?

Signification : je ne me nourris pas de belles paroles.

On a vendu l'eau ensemble ?

Signification : de quoi je me mêle ?

Synonyme : On a fait la sil[34] ensemble ?

La course des enfants c'est le matin.

Signification : la partie est loin d'être gagnée.

Essayes de me toucher tu sauras pourquoi beaucoup n'a pas S.

Signification : si tu me frappes, tu le regretteras.

Synonyme également usité : **Tentes de me toucher, je te ferai voir les voirâtres.**

Glisse sur moi et continue ta route.

Signification : fais ce que tu as à faire et poursuis ton chemin.

On t'a envoyé ?

---

[34] La section d'initiation au langage équivalent de la 1ère année du primaire.

Signification : pourquoi cherches-tu à me faire sortir de mes gongs.

Tu es en haut comme le RDPC[35] à...

Signification : tu as le vent en poupe / Tout te réussit.

Synonyme : **je sens que ta vie donne ; ta vie dose.**

C'est toi qui as mis l'eau dans la noix de coco ? / Je te montrerai qui a mis l'eau dans coco[36].

Signification : je ne suis pas née de la dernière pluie / à malin, malin et demi.

Erreur for mboutoukou na damé for ndoss.

---

[35] Le Rassemblement démocratique du Peuple camerounais, le parti au pouvoir

[36] Tournure utilisée en Côte d'ivoire.

Signification : tout bon menteur vit au dépend de celui qui l'écoute.

11 devant 11.

Signification : être à égalité.

Boire l'eau avec la fourchette.

Signification : faire quelque chose d'exceptionnel (du jamais vu), quelque chose d'épatant.

Tu bois tu meurs, tu ne bois pas tu meurs.

Signification : quel qu'en soit les cas, le résultat restera le même ; il n'y a pas de miracle possible.

Ton cas est laid.

Signification : Il n'ya rien plus rien de bon à attendre de toi.

Synonyme : **ton cas est désespéré.**

Va te pendre.

Signification : agis comme bon te semble.

Synonymes : **va te jeter dans le lac ; va brûler le lac.**

Le gros cœur te donne quoi?
Signification : que gagnes-tu à agir de la sorte ?

Le dehors a les dents.

Signification : la conjoncture économique est difficile.

Les do veulent seulement ta mort!
Signification : Tu es plein aux AS.

Synonymes : **tu respires seulement l'argent ! Je vois que tu as un peu ! Tu es lourd !**

On est en ensemble.

Signification : on garde le contact !

Ne me cherche pas !

Signification : je ne veux pas de prise de tête avec toi / Je ne veux pas qu'on en vienne à un conflit.

Tu es seul dans ton film, massa.

Signification : ne te fais pas d'illusions, mon ami.

Ça sort comme ça sort.

Signification : S'exprimer sans retenue.

Ça me laisse à 37.

Signification : cette histoire me laisse imperturbable / elle ne m'ébranle pas.

Va avec ta malchance !

Signification : je refuse de te suivre dans ton délire.

CONCLUSION

Ce pratique a été conçu dans le but de mettre à la disposition de tous ceux qui connaissent le Cameroun, qui le découvrent pour la première fois ou qui souhaitent y séjourner, un support écrit qui leur permet de se faire une idée de la façon dont le français est parlé dans le pays. Ce recueil est loin d'être exhaustif et n'a pas la prétention d'avoir recensé tous les mots et expressions utilisées par les camerounais pour échanger entre eux. Il peut arriver que certains nous aient échappé, le camfranglais étant, par essence, une langue riche et dynamique. Il est même fort probable qu'au moment où cet ouvrage paraît, il se soit enrichi de nouveaux mots et autres expressions. Cela dit, nous nous sommes attelée à faire un tour d'horizon de manière à en avoir un aperçu global.

Une fois encore, Bienvenu(e) au K-mer.

INDEX